Disciplina para tu niño pequeño:

Disciplina probada para niños pequeños. Estrategias para el estrés y crianza sin culpa.

Marie C. Foster

©Copyright 2018 por Marie C. Foster-Todos los derechos reservados.

El contenido de este libro no puede ser reproducido, duplicado o transmitido sin el permiso escrito del autor.

Bajo ninguna circunstancia se responsabilizará o responsabilizará legalmente al editor por cualquier reparación, daño o pérdida monetaria debido a la información contenida en este documento, ya sea directa o indirectamente.

Aviso Legal:

Este libro está protegido por derechos de autor. Esto es solo para uso personal. No puede modificar, distribuir, vender, usar, citar o parafrasear ninguna parte o el contenido de este libro sin el consentimiento del autor.

Aviso de exención de responsabilidad:

Tenga en cuenta que la información

contenida en este documento es solo para fines educativos y de entretenimiento. Se ha hecho todo lo posible para proporcionar información completa, precisa, actualizada y confiable. No se expresan o implican garantías de ningún tipo. Los lectores reconocen que el autor no está participando en la prestación de asesoramiento legal, financiero, médico o profesional. El contenido de este libro se ha derivado de varias fuentes. Consulte a un profesional con licencia antes de intentar cualquier técnica descrita en este libro.

Al leer este documento, el lector acepta que bajo ninguna circunstancia es responsable el autor de las pérdidas, directas o indirectas, en que se incurra como resultado del uso de la información contenida en este documento, incluidos, entre otros, los siguientes: - los errores, omisiones o inexactitudes.

Tabla de contenido

Introducción

Capítulo 1: Fundamentos de la disciplina efectiva para

niños pequeños

Capítulo 2: Comprendiendo el comportamiento de los

 niños pequeños

Capítulo 3: Comunicación efectiva: Cómo conectar con tu

hijo

Capítulo 4: Estrategias de disciplina

Capítulo 5: ¿Estresada? Cómo permanecer tranquila

Capítulo 6: Errores comunes y

cómo evitarlos

Capítulo 7: Cómo disciplinar a un niño con necesidades especiales

Capítulo BONUS: Cuando las estrategias no parecen funcionar

Conclusión

Introducción:

Una de las mayores dificultades que enfrentan los padres es saber cómo disciplinar a sus niños pequeños. Si alguna vez has oído hablar de los "terribles dos", entonces puedes tener una idea de lo difícil que puede ser, por más de un motivo.

Durante los primeros años, tu bebé comienza a definir su lugar en el mundo. Van a desafiar tu autoridad, empujar los límites y lanzar ataques cuando el mundo no se mueva de acuerdo a cómo creen que debería ser.

La segunda razón por la que los años de la infancia es tan difícil es debido a la avalancha de información que los padres deben analizar. El médico de su hijo, sus amigos y otros padres, sus padres y suegros, y todo tipo de personas pensarán que saben cuál es la mejor manera de criar a tu hijo. A través de toda esta información que ofrecen, debes decidir qué es valioso y qué no encaja en tu estilo de crianza.

El otro problema surge cuando intentamos buscar información en Internet. Al igual que en la vida real, la información proviene de varias fuentes, y gran parte de ella es contradictoria con otras ideas que encuentres.

Afortunadamente, al ser el dueño de este libro, estarás dando el primer paso para encontrar información sólida y precisa sobre la disciplina de tu niño pequeño. Las ideas de este libro están escritas utilizando un equilibrio entre la información científica y la experiencia personal de criar a mis hijos, que actualmente tienen 2 y 4 años.

Con mi primer hijo, tuve mucho de ensayo y error y, por supuesto, de la opinión de todos con los que hablé sobre mis hijos. He creado este libro con el deseo de educar a los padres sobre las diferentes estrategias de disciplina que existen, para que no tenga que buscar información y adivinar qué funciona y qué no. Las estrategias han demostrado ser efectivas, desde mi casa hasta la suya, y se basan en gran medida en los estudios científicos que se han realizado sobre la disciplina del niño pequeño. Al final del libro, también hay un capítulo sobre cómo disciplinar a los niños con necesidades especiales, que requiere una técnica ligeramente diferente a la de la mayoría de los niños pequeños.

Este libro servirá para un gran propósito en tu vida. Te ayudará a desarrollar estrategias de disciplina que puedes usar sin sentirte culpable o estresado. No es raro que los padres cuestionen sus métodos, especialmente si sienten que deben gritar o golpear a sus hijos. La verdad es, sin embargo, que no tienes que gritarle a tu hijo ni dar nalgadas para llamar su atención. Al emplear las estrategias que siguen en este libro, aprenderás cómo disciplinar adecuadamente a tu hijo, para que crezca y se convierta en un adulto equilibrado y emocionalmente saludable.

Nunca es demasiado tarde para dar el primer paso a la disciplina adecuada para el niño pequeño. ¡Entonces empecemos!

Capítulo 1: Fundamentos de la disciplina efectiva para niños pequeños

Capítulo 1: Fundamentos de la disciplina efectiva para niños pequeños

Desde el momento en que tu hijo entra en el mundo, tiene los ojos puestos en ti. A medida que él o ella aprenda y crezca, te verás a sí mismo en las cosas que hacen, como la forma en que tu bebé sonríe o la risa que obtienen cuando les haces cosquillas. Desafortunadamente, a medida que los bebés crecen y se convierten en niños pequeños, se convierten en versiones más desafiantes de sí mismos. Comienzan a hacer su lugar en el mundo, ponen a prueba los límites, y son propensos a ataques ocasionales de comportamiento escandaloso, mientras tratan de explorar todo lo que los rodea. Es cuando tu hijo deja la infancia y se mueve en estos tiempos difíciles para que la disciplina del niño se vuelva necesaria para el desarrollo saludable de su pequeño niño o niña.

Uno de los problemas que enfrentan a veces los padres es encontrar una estrategia de disciplina infantil que puedan usar sin sentirse culpables. Por ejemplo, cuando das nalgadas a tu hijo, no te hace sentir mejor después del castigo. Para la mayoría de los padres, les hace sentirse peor y cuestionar sus habilidades. Afortunadamente, al escoger este libro, has hecho tu primer compromiso con la crianza sin estrés y sin culpabilidad.

¿Qué es la disciplina para niños pequeños?

La disciplina de los niños pequeños tiene un profundo efecto en el futuro y la salud mental de tu hijo. Si bien la palabra disciplina puede parecer dura en ciertos contextos, esto se debe a una mala interpretación de su significado. La disciplina no siempre debe significar castigo. Cuando se trata de la disciplina de los niños pequeños, significa enseñanza y orientación, en lugar de castigar a tu niño pequeño cuando no te escuchan.

Habrá momentos en los que quieras castigar a tu niño pequeño. Esto se debe a que a medida que tu hijo aprende de ti, se le da la opción de escuchar o no. No siempre serán obedientes, y esto garantiza algún tipo de respuesta. Si no respondes a sus comportamientos en absoluto, seguirán empujando los límites y escalando.

Mitos de la disciplina

Hay muchas maneras en que puedes disciplinar a un niño pequeño, sin embargo, no todos los métodos van a funcionar. Existen muchos mitos con respecto a la disciplina de los niños, que incluyen:

- Gritar más fuerte atraerá la atención de mi hijo: Puede ser muy fácil gritarle a un niño pequeño, especialmente cuando desafiantemente toman su cuarta bebida ese día o lanzan sus juguetes por la casa. El problema con los gritos es que cuando se normaliza, pierde su efectividad. En lugar de escucharte porque estás gritando más fuerte, tu hijo aprenderá a desconectarlo y continuar con su mal comportamiento. Esto significa que cuando es importante o están haciendo algo peligroso, no podrás llamar su atención.

- Mis padres me pegaron, y yo salí bien: De acuerdo con un estudio publicado en 2014, el 65% de las mujeres y el 76% de los hombres apoyaron azotar a un niño que se porta mal. Sin embargo, numerosos estudios han demostrado que las nalgadas hacen poco para lograr el comportamiento de un niño pequeño. No solo no cambiará el mal comportamiento a largo plazo, sino que también ha demostrado una correlación positiva con las tendencias antisociales, la agresión y la mala salud mental. Algunos estudios incluso sugirieron que los resultados a largo plazo de un golpe ocasional en el fondo tenían el mismo efecto que el abuso infantil.

- La negociación nunca funciona: las personas que se preocupan por ser excesivamente permisivas y terminar con un niño "malo" le dirán que nunca debe negociar con un niño. Sin embargo, eso simplemente no es la verdad. La clave de la negociación es permitirle al niño tomar una decisión, pero mantener las tarjetas en tu mano, dándoles algunas opciones aceptables y luego dejar que ellos elijan. Exploraremos más a fondo esta idea más adelante en el libro.

- **Nunca debes decir 'Sí'**: Otro mito común es que si le dices 'sí' a tu hijo, estás fallando en darles los límites que necesitan para prosperar. Pero, ¿qué pasa si tu niño pequeño está pidiendo algo razonable? Si te preocupa establecer límites, dile 'sí' con una condición. Luego, explica la razón antes que tu niño tenga la oportunidad de preguntar. Por ejemplo, "Sí, puedes jugar con Play-Doh pero solo si recoges tus juguetes. De lo contrario, no podremos ver ningún Play-Doh que haya caído al piso y que tenga que ser recogido cuando termines".

- Los padres estrictos son buenos padres: Es difícil no juzgar cuándo ves a un niño pequeño agitándose en el piso del supermercado, pensando que el padre debe ser más estricto. El problema con esta mentalidad es que cuando somos demasiado estrictos con los niños, no les enseñamos empatía, compasión y comprensión. Después de todo, nos están buscando como modelos a seguir sobre cómo tratar a otras personas.

- No deberías tener que repetirte: La verdad es que los niños pequeños tienen un período de atención corto. Si bien recibirán el mensaje general que estás tratando de enviarle diariamente, deberías repetirlo, y mucho. Al igual que con el recuento de aprendizaje, los colores, las formas y el alfabeto, los niños pequeños aprenden a través de la repetición que ayuda a formar las conexiones en su mente. Puede ser frustrante cuando sientes que te repites constantemente, pero es necesario comunicarse claramente con tu niño pequeño.

No te preocupes si has sido culpable de alguna de estas cosas en el pasado; nunca es demasiado tarde para adoptar un nuevo enfoque de disciplina. En este libro, aprenderás muchas tácticas efectivas para la disciplina, diseñadas para darte una variedad de métodos para las diferentes situaciones que puedes encontrar con tu niño pequeño. A través de tu propio viaje personal con la disciplina del niño pequeño, tu estilo de crianza, estudio e investigación, podrá dar forma a un plan disciplinario que funcione. Además, aprenderás más sobre lo que debes esperar de tu niño pequeño, incluido el comportamiento y la respuesta a la disciplina.

Mientras lees, ten en cuenta que criar a cualquier niño (no solo el tuyo) conlleva sus desafíos. Pueden causar estrés, dudas sobre uno mismo y preocuparse por si lo estás haciendo bien, pero solo respira hondo. Estos días terminarán antes de que te des cuenta y criar a un niño siempre es una experiencia gratificante al final.

Por qué la disciplina del pequeño es importante

La clave para la disciplina del niño es un equilibrio. No se puede castigar tanto a tu hijo que tenga cicatrices psicológicas, que duran mucho después de la infancia. Sin embargo, no puedes ser tan permisivo como para que tu niño no aprenda límites. Debes ser estricto, pero también debes preocuparte lo suficiente como para que tu niño entienda que las reglas que estableces son para su mejor interés. Algunos de los beneficios de una buena disciplina para niños pequeños incluyen:

- Evita los castigos físicos: Cuando eliges métodos agresivos como nalgadas, puede provocar que el problema con tu niño escale. También aprenden que este comportamiento es aceptable. Al encontrar un problema de disciplina mejor, puede alentar a tu hijo o hija a comportarse sin violencia física.

- Mejor manejo de la ansiedad: Cuando un niño pequeño te pide que establezcas límites, te están probando para darles seguridad. Tu niño pequeño no quiere estar a cargo. Lo que sí quieren es sentirse seguros de que tienes el control de la situación. Si un niño no tiene esto, puede desarrollar ansiedad porque se siente presionado para establecer límites entre adultos y hacer situaciones adultas.

- La disciplina adecuada fomenta la seguridad: El objetivo principal de la disciplina nunca debe ser castigar; debe garantizar la seguridad y la salud de tu hijo. Las consecuencias se deben dar para que tu niño sepa que no puede correr a la calle sin mirar. También se pueden usar para promover la salud y prevenir la obesidad. Por ejemplo, enseñando a tu niño a comer una amplia variedad de alimentos saludables y diciendo "no" a los hábitos obsesivos de bocadillos.

- Mejor manejo de la frustración, la ira y otras emociones: Si cedes cada vez que tu hijo tiene una rabieta, estás enviando el mensaje de que él o ella debe continuar actuando de esta manera para obtener lo que quiere. Cuando disciplinas a tu hijo ignorando las rabietas leves, tu niño pequeño aprende que la sociedad no hará lo que quiera si actúa de esa manera. El tiempo-fuera "time out" también tiene un propósito después de un estallido de ira al reforzar la idea de tomarse el tiempo para reflexionar sobre la ira. Finalmente, usar elogios ayuda a lidiar con la frustración, especialmente cuando le das crédito a tu hijo por seguir trabajando duro en algo, a pesar de su frustración.

- Alienta buenas elecciones: Cuando disciplinas a tu niño de forma adecuada, le enseñas cómo tomar decisiones. Una disciplina saludable puede alentarlo a considerar formas alternativas para satisfacer las necesidades. Algunas de las habilidades que se pueden aprender incluyen la autorregulación, el control de los impulsos y la resolución de problemas. En lugar de enfocarte en los castigos, enséñale las consecuencias a tu hijo. Estas son más efectivas al enseñarles sobre sus errores, lo que hace que sea menos probable que escojan mal en el futuro.

Disciplinando a tu niño pequeño ¿Qué esperar?

A continuación, encontrarás algunos consejos generales para la disciplina del niño pequeño. Las técnicas específicas serán discutidas más adelante en el libro, pero esta es una descripción general de cómo puedes aplicar estas técnicas para disciplinar a tu hijo:

- Refuerzo positivo: Los elogios y el refuerzo positivo recorrerán un largo camino para enseñarle a tu hijo a comportarse bien. Cuando le dice que está haciendo algo bueno, y tus acciones y tono de voz reflejan esta positividad, obtendrán buenos sentimientos de ella. La forma positiva en que está experimentando la actividad hará que sea más probable que repita este buen comportamiento en el futuro.
- Ignora lo malo (hasta cierto punto): Cuando tu hijo hace una rabieta, intenta llamar tu atención. Si gritas o respondes, le estás dando lo que quiere. Siempre que no se esté

lastimando a sí mismos o a otra persona, deja que tu niño llore. Esto puede ser vergonzoso si se encuentran en algún lugar como la tienda, pero si cedes a lo que quiere para callarlo, lo alentarás a que vuelva a crear el escenario en el futuro. Si no puedes soportar la rabieta, deja las compras que no hayas pagado y salgan al automóvil. Siéntense hasta que puedan calmarse o vayan a casa e intenta ir de compras en otro momento.

- Consecuencias lógicas: Esta forma de disciplina implica crear una consecuencia si tu niño se comporta mal. Por ejemplo, dile a tu hijo (no grites) que si no recoge sus juguetes, se los quitarás por un día. Establece un límite de tiempo o reacciona si tu hijo no comienza a moverse para recoger los juguetes. Una vez que no escuche, sigue la consecuencia inmediatamente e ignora su protesta / rabieta que pueda resultar.

- Consecuencias naturales: Si tu hijo no está haciendo algo peligroso, una de las mejores cosas que puedes hacer es dejar que la situación se desarrolle naturalmente. La clave no está en su rescate después del evento, no importa cuánto llore. Por ejemplo, imagina que tu niño sigue arrojando sus galletas al suelo. En lugar de gritar o castigarlo, adviértele que no tendrá galletas si las tiran al suelo. Deja que se desarrolle esta consecuencia natural y no le des más galletas una vez que se hayan agotado.

- Redireccionamiento: Cuando tu hijo parezca que podría armar un escándalo por lo que acabas de decir que no debe hacer, redirígelo. Por ejemplo, imagina que dos hermanos pelean por un juguete. Puedes dárselo al niño que lo tuvo primero si viste lo que sucedió. De lo contrario, retira el juguete y colócalo en otro lugar. Redirige a los hermanos a una actividad nueva, ya sea una que puedan hacer juntos o a dos actividades separadas en las que puedan trabajar solos.
- Tiempo de espera: No es raro que los padres protesten contra el método de tiempo de espera,

especialmente si tu hijo es resistente. El problema en estos casos no suele ser la técnica (tiempo fuera) sino la forma en que se aplica el tiempo fuera. Antes de que tu hijo tenga una oportunidad de comportarse mal, establece reglas con respecto a los tipos de comportamiento (golpear, tirar juguetes, etc.) que los llevará al tiempo fuera. Esto debe limitarse a 2-3 cosas que tu hijo debe recordar. Luego, establecerás una ubicación y un período de tiempo para el tiempo fuera. Si ocurre una infracción, cumple con las pautas establecidas, independientemente de la reacción de tu niño. Otra opción es usar un área para el tiempo de silencio y otra para el tiempo fuera, que es la consecuencia más grave. Hablaremos más sobre esto más tarde.

- Retención de privilegios: Cuando retenga privilegios, debes hacerlo de manera que tu niño pueda formar la conexión entre lo que se quita y el mal comportamiento. Puedes retener algo valioso para tu hijo, como un juguete, televisión u otro privilegio, pero nunca debes quitar algo que es una necesidad (como la comida). También debes castigar de inmediato, ya que los niños menores de 6 a 7 años no tienen la capacidad mental para comprender algo como perder la televisión por la noche cuando se negaron a recoger sus juguetes esa mañana.

RESUMEN DE CAPÍTULO:

1. La disciplina de los niños pequeños no debe tener el objetivo de castigar la mala conducta, sino enseñar entre lo correcto y lo incorrecto. Los niños pequeños se encuentran en un momento de sus vidas en que son muy impresionables y la forma en que eliges disciplinarlos puede afectarlos mucho más adelante en la vida. Hay muchos mitos con respecto a la disciplina que debe tener en cuenta, incluido el hecho de que los gritos y las nalgadas son efectivos. Haz tu investigación para conocer las razones científicas por las cuales la disciplina puede funcionar o no, en lugar de escuchar las anécdotas de los consejos

de otras personas.

2. Disciplinar a tu niño es sobre equilibrio. Tendrás que establecer reglas con firmeza, pero también debe mostrar compasión y comprensión. Cuando la disciplina se hace correctamente, los niños pequeños se convierten en niños bien educados y equilibrados. Algunos de los beneficios incluyen la prevención de altercados físicos, el manejo de la ansiedad, la seguridad de tu niño pequeño, la regulación emocional y el estímulo de buenas elecciones.

3. Hay muchas estrategias disciplinarias que se trabajaran en este libro. Lo que se reduce a lo que es más efectivo para tu hijo. A menudo, variará la disciplina en función del mal comportamiento. Algunas de las técnicas que se discutirán en este libro incluyen el refuerzo

positivo, ignorar el mal comportamiento, las consecuencias lógicas y naturales, el redireccionamiento, el tiempo fuera y la retención de cosas.

TU PASO DE ACCIÓN RÁPIDA: EVALUAR LOS MITOS DE DISCIPLINA

¿Hay algo específico que hayas escuchado sobre la disciplina de niños pequeños sobre el que seas escéptico? Tómate unos veinte o treinta minutos para aprender todo lo que pueda sobre los mitos disciplinarios más comunes y haz un balance de cuáles puede usar en su estilo de crianza. No te preocupes si encuentras algunos; ningún padre es perfecto. Al identificar esto, puedes comenzar a comprender qué aspectos de las prácticas de disciplina de tu niño pequeño deseas modificar o reemplazar.

Capítulo 2: Comprendiendo el comportamiento de los niños pequeños.

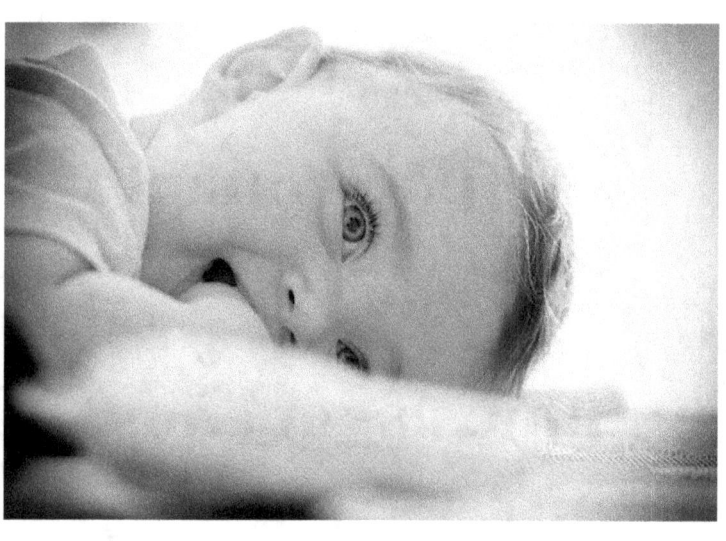

Capítulo 2: Comprendiendo el comportamiento de los niños pequeños.

Si tú eres como yo, o casi cualquier otro padre, hay ocasiones en que el comportamiento de tu hijo te tiene preguntándote: "¿por qué?" La verdad es que aunque ves el comportamiento de tu niño como extraño o frustrante, lo más probable es que es una reacción normal a los cambios que están viviendo en la vida. Los niños pequeños a menudo actúan por una razón subyacente, a menudo porque no comprenden cómo comunicar sus necesidades y lo que están atravesando.

Por qué tu niño pequeño no escucha

- Los 'Terribles Dos' tienen más probabilidades de ocurrir entre las edades de 2 y 3. Durante este tiempo, los niños pequeños están aprendiendo que son individuos aparte de sus padres u otros cuidadores. Se expresan como entidades independientes, lo que lleva a su deseo de afirmarse durante esta etapa. Los niños pequeños también son más propensos a actuar de forma independiente y desean probar cosas por sí mismos, así como también comunicar lo que les gusta y lo que no les gusta. Esta es la razón por la cual la mayoría de los niños pequeños eligen no escuchar lo que les decimos: están tratando de expresarse y diferenciarse de sus padres. Aun así, esto puede ser problemático cuando estamos tratando de proporcionar una guía y mantenerlos seguros. Hay varias razones por las cuales tu hijo puede estar actuando así, incluyendo:

- No entienden sus sentimientos. La etapa del niño pequeño es cuando tu hijo está lo suficientemente maduro emocionalmente como para comenzar a experimentar emociones. Esto incluye sentimientos complejos como la vergüenza, el orgullo, la culpa, la frustración, el entusiasmo por la alegría, los celos, la ira y la vergüenza. Otro problema es cuán rápido cambia su estado de ánimo; en un momento tu hijo puede estar lamiendo alegremente una paleta y al siguiente pueden llorar porque parte de éste se derritió en su mano.

- Carecen de autocontrol. Otra razón por la que los niños pequeños pueden actuar es porque no saben expresar cómo se sienten. Esto significa que cuando están enojados con alguien, por ejemplo, no saben cómo decir "estoy enojado" o incluso relacionar lo que están sintiendo con enojo. En cambio, pueden arremeter lanzando una rabieta, golpeando o gritando. A medida que tu hijo aprenda a identificar estas emociones y responder adecuadamente a ellas, comenzarán a tomar mejores decisiones de comportamiento.

- Están sobre estimulados. ¿Alguna vez has pasado un día al sol y te has agotado al final? Esto se debe a la sobre estimulación de la luz solar en los ojos y en la piel. Los niños pequeños también pueden experimentar una sobrecarga sensorial, aunque la experimentan con mucha menos estimulación que los adultos. A veces, los niños pequeños necesitan tiempo para sí mismos y para estar lejos de todo. Si alguna vez has tenido un día largo y agotador y luego has tenido mal genio con tu pareja más tarde, entonces has experimentado un sentimiento similar a esto.

- Tienen una necesidad que no se satisface: Los niños pequeños son increíblemente sensibles a todas las cosas durante este tiempo, no solo a sus emociones. Si tu hijo tiene hambre, sed o está demasiado cansado, es probable que se porten mal. Desafortunadamente, no siempre pueden identificar estas cosas y decirte lo que necesitan.
- Quieren atención: Cuando los niños pequeños buscan que sus padres presten atención, harán todo lo posible por conseguirlo. ¿Alguna vez le dijiste a tu pequeño que estabas en medio de algo, solo para encontrarlos metidos en problemas ni siquiera cinco minutos después? Las probabilidades son que, cuando

no les prestas la atención que están buscando, se portarán mal para obtener atención negativa. De cualquier manera, tu enfoque está en ellos.

- Están teniendo un mal día. Una de las cosas que los padres a menudo olvidan es que tienen días malos. Algunos días, puedes sentirse "apagado" o irritable por ninguna razón. Los niños pequeños también pueden tener este problema. Cuando no les damos la misma consideración por sus sentimientos que los adultos, no hay empatía o compasión.

Cómo entendiendo el comportamiento del niño

pequeño impacta en su disciplina

Los cambios emocionales que atraviesa un niño pequeño pueden ser salvajes e impredecibles. Esta es la razón por la que los niños pequeños a menudo explotan, no saben cómo manejar las emociones dentro de ellos. Cuando consideras el comportamiento del niño pequeño, es importante mirarlo con empatía. No es una mano firme lo que se necesita en estos tiempos, sino un enfoque empático que le enseña al niño a manejar sus experiencias. Debes amar y guiar, en lugar de ser estricto y distante.

Beneficios de crear una estrategia de disciplina para el niño pequeño

Algo que debes tener en cuenta al leer

este libro es que deberás ajustar la estrategia de disciplina que utilizas en función de los hábitos y las respuestas de tu hijo a su disciplina. Al observar cómo funcionan los diferentes métodos con tu hijo, podrás idear una estrategia de disciplina para niños pequeños. Los beneficios de desarrollar esto incluyen:

- Consistencia: Cuando eres coherente con lo que esperas de tu niño pequeño, y la acción disciplinaria resultante, envías un mensaje claro y firme. Tu niño comienza a asociar ciertos comportamientos con la disciplina que resulta. Además, aprende qué comportamientos te hacen sentir satisfecho.
- Expectativas claras: La coherencia que se crea con una

estrategia bien pensada le brinda a tu niño expectativas claras para estar a la altura. Sabe lo que puede y no puede hacer y aprende la diferencia entre lo malo y lo bueno. Esto es ventajoso porque lo alentarás a una mejor toma de decisiones y comportamiento por parte de tu niño en el futuro.

- Autocontrol: Cuando creas una estrategia para la disciplina del niño pequeño, le ayudas a tu niño pequeño a aprender qué comportamientos son aceptables y cuáles no. A medida que lo ayuda a aprender a etiquetar y controlar las emociones que siente, promueves un mejor autocontrol y una buena salud mental.

- Toma de decisiones: Algo que debemos hacer como padres es enseñar a nuestros hijos cómo prosperar más adelante en la vida. No siempre estaremos allí para tomar decisiones por ellos, ni deberíamos estarlo. A medida que tu niño pequeño muestra su individualidad y su capacidad para tomar decisiones, es importante guiarlos de una manera positiva. Cuando una estrategia se aplica correctamente, ayuda a dar forma al adolescente, luego al adulto, en el que crecerá su niño pequeño y en las decisiones que tomará más adelante en la vida.
- Comunicación: Una de las cosas más importantes sobre tu relación con tu hijo es la

comunicación adecuada. Tener un canal abierto de comunicación permitirá que tu niño se exprese ante ti, sin el temor de ser juzgado. Esto conduce a una mejor relación en el futuro, con suerte una que continuará durante la adolescencia de tu hijo.

- Comportamiento mejorado: Todos estos factores conducen a un mejor comportamiento en tu niño pequeño. Aprende a expresar adecuadamente sus necesidades y emociones y el mal comportamiento disminuye como resultado. Ya no te sentirás estresado y tu niño pequeño será mucho más feliz o al menos podrá expresar y administrar sus momentos difíciles.

Observando y entendiendo el comportamiento de tu niño pequeño

Proponer una estrategia de disciplina para tu niño pequeño no es algo que puedas hacer o implementar de la noche a la mañana. Se necesita paciencia y tiempo porque está creando hábitos positivos y saludables para tu niño pequeño. El primer paso es aprender más sobre tu niño pequeño y cómo / por qué se comportan así. Sigue estos pasos para observar y comprender el comportamiento de tu hijo, para que puedas disciplinarlo apropiadamente.

1. Observa a tu hijo mientras juega, duerme y come: Como padre, siempre estás mirando a tu hijo hasta cierto punto. Sin embargo, en lugar de buscar signos de problemas, dedica tu tiempo a

observarlo mientras avanza en su día. Pase un par de días observando el comportamiento de tu hijo y buscando patrones que puedan indicar qué áreas deben abordarse. Por ejemplo, puedes notar que tu niño se esconde en la esquina cuando está frustrado. Esto indicaría que necesitas hablar con ellos más sobre el manejo de la frustración. Aunque tomarse un "tiempo fuera" de la actividad al esconderse es una gran señal de poco de autocontrol, es posible que debas abordar la posibilidad de que tu niño te comparta sus sentimientos más.

2. Habla con tu niño pequeño: Una parte fundamental de la disciplina adecuada es tener una relación abierta con tu niño cuando se trata de comunicación. Uno de los mayores malos hábitos que los

padres adquieren es avergonzar a su niño por su comportamiento o mostrar demasiada decepción. Esto lo desalienta y hace que quiera ocultar sus emociones, lo que puede causar serios problemas emocionales más adelante. En cambio, mantén abiertos los canales de comunicación. En lugar de hacer preguntas vagas como "¿Cómo fue el tiempo de juego?" O "¿Te divertiste en el preescolar hoy?", Pregunta qué construyeron con sus bloques de construcción o cómo le fue en su proyecto de arte en el preescolar. Ser específico ayudará a tu niño a comunicarse mejor.

3. Aprende a ser empático: Pasa un día pensando qué harías si estuvieras en los zapatos de tu hijo. Intenta etiquetar tus emociones a medida que suceden,

observando la situación y los comportamientos que resultan. Considera lo que puede estar pensando o sintiendo en ese momento. Luego, piensa en cómo te sientes cuando experimentas la misma emoción. Al ser compasivo con la forma en que se siente tu hijo, serás mejor cuando tengas que responder a sus necesidades y decidir cuándo se necesita disciplina.

4. Identifica áreas problemáticas: Cuando observes a tu hijo, notará áreas problemáticas que deben abordarse. Anota los problemas de conducta repetitivos que ves. Usarás esta información más adelante cuando establezcas límites y reglas para tu hijo. Por ejemplo, puedes usar las tres peores ofensas como aquellas que pondrán a tu niño en tiempo de fuera.

5. Evalúa el entorno de tu niño pequeño: Los niños pequeños son esponjas. Otra cosa que debes considerar al pensar en un plan disciplinario son los modelos de conducta que tu hijo tiene en su vida. ¿Tienen un hermano mayor o un cuidador con un mal hábito que pueden estar retomando? Por ejemplo, ¿Los gritos de tu niño cuando están frustrados te recuerdan la forma en que uno de ustedes actúa cuando están enojados? Es importante recordar cuán impresionables son los niños pequeños: no son los únicos responsables de la forma en que se comportan.

6. Programa mucho tiempo de calidad: La economía actual deja a muchas familias con dos padres que trabajan, lo que significa que los niños pasan menos tiempo con las personas que deberían

cuidarlos más. Incluso cuando el trabajo parece interponerse, es importante programar un tiempo de calidad con tu niño pequeño. Interactuar con ellos uno a uno mejorará su relación y les mostrará cuánto les importas. También fomenta la comunicación positiva y te brinda una mejor oportunidad de observar a tu hijo y sus emociones a medida que suceden.

RESUMEN DEL CAPÍTULO:

1. Los niños pequeños se encuentran en un momento crucial y estresante en sus vidas, ya que experimentan una gama más amplia de emociones y aprenden más sobre el mundo. Para comprender los comportamientos de tu niño pequeño, debes conocer algunas de las razones más comunes de las malas

elecciones de comportamiento. Los niños pequeños a menudo se portan mal porque no saben cómo expresar o controlar las emociones, carecen de autocontrol, están sobre estimulados, tienen una necesidad que no se está satisfaciendo, quieren atención o simplemente están teniendo un mal día. Al reducir el problema, puedes responder con una acción disciplinaria apropiada.

2. Antes de comenzar a usar los consejos de este libro para disciplinar a tu niño pequeño, debes sentarse y diseñar una estrategia de disciplina para niños pequeños. Esto es importante porque crea consistencia, hace conocer las expectativas, mejora el autocontrol y la toma de decisiones, fomenta la comunicación con tu niño pequeño y

mejora el comportamiento en general.

3. Antes de que puedas desarrollar una estrategia para disciplinar a tu niño pequeño, debe comprenderlo y por qué se comporta de la manera en que lo hace. Observar a tu hijo puede ser muy útil para esto. Presta atención a cómo se comporta jugando, durmiendo y durante las comidas y aliéntalo a que se comunique contigo. También puedes aprender más sobre estrategias disciplinarias apropiadas al identificar áreas problemáticas, simpatizar con las emociones de tu hijo, considerar su entorno y programar tiempo de calidad con tu niño pequeño.

TU PASO DE ACCIÓN RÁPIDA: CONSIDERA EL COMPORTAMIENTO DE TU NIÑO PEQUEÑO

En este momento, considera un hábito de comportamiento que tu niño quisiera dejar. Investiga este comportamiento y un plan de disciplina. Esto te dará práctica para observar y comprender el comportamiento de tu niño. Una vez que comprendas el razonamiento detrás de lo que está haciendo, podrás actuar de manera más apropiada.

Capítulo 3: Comunicación efectiva: Cómo conectar con tu niño pequeño

Capítulo 3: Comunicación efectiva: Cómo conectar con tu niño pequeño

La comunicación efectiva y la empatía van de la mano cuando se trata de disciplinar a un niño pequeño. Cuando tu niño pequeño tenga problemas, te buscarán para que lo guíes. Es importante que le des la oportunidad de expresarse y aprender cómo se siente. Luego, podrás responder con la disciplina o redirección adecuada para alentar un mejor comportamiento en el futuro.

Comunicación efectiva y disciplina del niño pequeño

Todos hemos estado allí. Hemos tenido un largo día en casa o un día terrible en el trabajo y lo primero que queremos hacer cuando lleguemos a casa es hablar con un amigo o con nuestro cónyuge. Expresamos cómo el día nos hizo sentir y compartir lo que nos hizo enojar tanto. Los niños pequeños, lamentablemente, todavía no tienen la capacidad de describir las emociones que están experimentando. Esto significa que cuando tu niño pequeño no puede encender su juguete por sexta vez consecutiva y lo tira al otro lado de la habitación, es solo porque carece de las habilidades para comunicar su frustración. Si se hubiera comunicado, es posible que hayas ayudado a tu niño a entender cómo funciona el juguete, antes de que lo estrellara contra la pared.

Cuando se trata de la comunicación

infantil, la comunicación efectiva significa algunas cosas. En primer lugar, la comunicación efectiva significa que has tomado en cuenta el comportamiento de tu niño considerar cómo se siente en ese momento y cómo podría él canalizar mejor esa emoción. En segundo lugar, significa que pueden hablar sobre las emociones y lo que tu niño pequeño siente con ellas. Este 'etiquetado' es importante porque identificar lo que él o ella está sintiendo le ayudará a tu niño a expresar sus sentimientos. Finalmente, la comunicación efectiva significa que puedes ayudar a tu niño a diferenciar entre buenas elecciones y malas elecciones. Esto implica ayudar a tu niño a aprender la diferencia entre lo correcto y lo incorrecto, así como también lo que la sociedad considera aceptable e inaceptable.

No te preocupes si aún no has desarrollado una comunicación efectiva para niños pequeños con el propósito de dar la disciplina apropiada. Este capítulo profundizará sobre cómo fomentar la comunicación positiva con tu niño pequeño que mejorará su comportamiento.

Beneficios de la comunicación

Cuando te comunicas efectivamente con tu niño pequeño con el propósito de crear una estrategia de disciplina positiva, existen varios beneficios, que incluyen:

- Mejor relación Padre-Hijo: A medida que los niños se hacen adolescentes, tienden a alejar a sus padres y a cortar la comunicación. Para ayudar a prevenir esto, es importante alimentar la comunicación positiva con tu hijo cuando es pequeño. Al comunicarse de manera efectiva y sin avergonzarlos, le estás enseñando a tu niño pequeño que pueden acudir a ti por cualquier cosa, algo que se prolongará hasta su adolescencia si permanece constante.

- Mayor capacidad para identificar emociones: Cuando tu hijo pequeño aprende que puede acudir a ti con problemas, comenzará a acudir a ti cuando experimente emociones desagradables. Es importante tratar siempre esto como algo natural. Ayuda a tu hijo a redirigir la emoción o deja que te hable sobre lo que les molesta.

- Mejores habilidades para resolver problemas: Los niños pequeños que comunican sus emociones de manera efectiva han completado el primer paso para la resolución de problemas: Identificar el problema. Cuando tu hijo se acerque a ti con un problema emocional, háblenlo. Haciendo una lluvia de ideas sobre lo que el niño puede hacer, fomentas su capacidad para resolver problemas por sí mismo.
- Regulación emocional: Los padres que se comunican eficazmente con sus bebés encontrarán que su hijo / hija pueden regular mejor sus

emociones. Esta es una habilidad que será muy útil más adelante en la vida también, especialmente cuando tu niño pequeño deba lidiar con las agonías de ser adolescente en diez años.

- Enseña empatía: Cuando te comunicas bien con tu niño pequeño, está aprendiendo que te preocupas por él y cómo se siente. Esto modela la empatía, una característica importante para que tu hijo se desarrolle para relaciones sociales saludables.

Cómo establecer una comunicación efectiva para la disciplina de tu niño pequeño

1. Tómate un momento antes de reaccionar: Cuando reaccionas de

repente, no te das tiempo para sentir empatía o elaborar un plan para la disciplina. A menos que tu hijo esté en peligro, piensa en cómo se siente o en la razón de su comportamiento. Una vez que hayas hecho esto, puede acercarte al niño.

2. Baja al nivel de tu hijo pequeño: ¿Recuerdas cómo discutimos en el primer capítulo que los gritos no son efectivos? Esto es especialmente cierto si estás al otro lado de la habitación, lejos de tu niño pequeño. Cuando tu hijo está en problemas, es fundamental que no les grites a menos que estén en peligro inmediato y que necesites llamar su atención. Camina hacia el niño y habla con él. Algunos niños tienen problemas para prestar atención y pueden mirar en otra dirección o espacio. Para

mantenerlos enfocados, baja a su nivel. También puedes colocar su mano suavemente sobre su hombro o pedirle que sostengan tu mano mientras hablas con él.

3. No exijas el contacto con los ojos: Nunca debes exigir contacto visual cuando le estés dando una lección. Incluso cuando te encuentres en su nivel, pueden esconder su rostro porque se sienten avergonzados. Es importante que no los avergoncemos más y no les digamos que nos miren mientras se les reprime. Ten en cuenta que tu niño pequeño no tiene que estar mirándote para estar escuchando. Mantén su agarre en tu mano u hombro e involúcrelos en la conversación para asegurarse de que estén escuchando.

4. Háblenlo: Para fomentar la

comunicación con tu hijo, también debes permitirles hablar sobre lo que sucedió. Escucha a tu niño pequeño y lo que él o ella estaba pensando en el momento del incidente. Aliéntalos a compartir sus sentimientos y lo que creen que estaba sucediendo sin prejuicios. Esto te permitirá recopilar información antes de decidir qué hacer a continuación.

5. Identifique el problema: Una vez que su niño le describió la situación, ayudarlos a identificar el problema que los metió en problemas. Por ejemplo, si tu hijo arrojó su juguete, entonces tú le explicarías que el sentimiento (enojo o frustración) no era el problema, sino la forma en que reaccionó a ese sentimiento (arrojando el juguete).

6. Encuentren una mejor solución juntos: Una vez que tu niño entienda lo que salió mal, puede ayudarte a pensar en una solución. Dales la oportunidad de explicar qué podrían hacer de manera diferente la próxima vez. Si no pueden pensar en nada, guíalos para encontrar una mejor solución. Volviendo al ejemplo de tirar el juguete, el niño pequeño podría haber pedido ayuda en su lugar o haber tomado un descanso del juguete que le molestaba.

7. Disciplina si es necesario: Una vez que comprendas la situación y hayas hablado con tu niño pequeño, decide si se necesita disciplina adicional. Para la mayoría de las primeras ofensas, a veces es mejor decirle al niño qué sucederá si el problema persiste. La próxima vez que repitan el comportamiento,

discútelo de manera apropiada y recuérdale qué deben hacer en su lugar.

RESUMEN DEL CAPÍTULO:

1. La comunicación efectiva es una herramienta crítica en la disciplina del niño pequeño. Si no le hablas a tu niño pequeño y no comprendes cómo se siente, no puedes darles la orientación que necesita para manejar sus emociones. Sin una comunicación adecuada, tu hijo podría seguir teniendo problemas de conducta porque no puede formar las relaciones entre las consecuencias y sus comportamientos.

2. Hay una serie de beneficios para la comunicación efectiva cuando se trata de disciplina, incluida una mejor relación padre-hijo, la capacidad de etiquetar y regular las emociones,

mejorar las habilidades de resolución de problemas y la empatía adquirida.

3. Nunca es demasiado tarde para comenzar a fomentar una comunicación sana y efectiva con tu niño pequeño. Al tomar pasos que incluyen pensar la situación, ponerse al nivel de tu niño, discutir el problema entre ustedes, y ayudándoles a resolver problemas antes de recurrir a la disciplina, puedes alentar el desarrollo de tu hijo en un adulto completo.

TU PASO DE ACCIÓN RÁPIDA: COMIENZ A COMUNICARTE CON TU HIJO.

Aunque no hemos entrado en lo específico de la disciplina (que viene en el próximo capítulo), ahora es un buen momento para poner en práctica la estrategia de comunicación anterior. Además de cumplir con esta comunicación cuando tu hijo se porta mal, asegúrate de relacionarte con él cuando también lo está haciendo bien. Aliéntalo a hablar contigo sobre su día y sus sentimientos con regularidad, para mostrar que eres comprensivo y que comprendes las emociones con las que puede estar lidiando. Si estás especialmente ocupado o tienes problemas para tomarte un tiempo fuera de tu horario para hacerlo, reserva tiempo en tu horario, especialmente para comunicarte con tu niño pequeño. Si no estás cerca de ellos, puede ser la fuente de su mal comportamiento.

Capítulo 4: Estrategias de disciplina

Capítulo 4: Estrategias de disciplina

El comportamiento problemático de un niño pequeño puede ocurrir en cualquier lugar. Sin embargo, hay algunos lugares y situaciones donde la mala conducta de los niños pequeños es más común. En este capítulo, nos enfocaremos en los lugares y situaciones más comunes cuando tu niño pequeño puede necesitar disciplina para tomar las decisiones de comportamiento correctas. Estas estrategias serán específicas y útiles, así como también se basarán en técnicas en las que puedas sentirte cómodo sin estrés ni culpabilidad.

Por qué necesitas estrategias específicas de disciplina

Como se mencionó anteriormente, la coherencia con tu hijo es clave para el éxito de la disciplina. Al desarrollar estrategias específicas, te asegurarás de ser coherente con las consecuencias y los comportamientos que esperas de tu niño pequeño. Esto es crítico para el éxito de la disciplina infantil. Aquí hay algunos beneficios de usar una variedad de estrategias disciplinarias para alentar el buen comportamiento de tu niño pequeño:

- Consistencia entre los cuidadores: Muchos padres no tienen la suerte de estar en casa con su niño durante la mayor parte del día. Cuando hay más de un cuidador, un niño pequeño puede confundirse fácilmente con respecto a lo que cada uno espera. Esto causa mala conducta. Cuando hayas establecido estrategias que utilices para lugares y situaciones específicos, todos los cuidadores pueden consultar las pautas mientras disciplinan al niño pequeño. Este enfoque unido mejorará el comportamiento infantil más rápido.

- Niveles de estrés reducidos: A veces, el comportamiento de un niño pequeño puede hacer que sus padres deseen arrancarse el pelo. Cuando tienes una estrategia para los problemas de comportamiento de tu hijo, puedes sentir que tienes más control sobre la situación. Como beneficio adicional, tu niño pequeño notará tu capacidad de

control y es más probable que acepte que tú está a cargo.
- Enfoque dirigido a la disciplina: La disciplina de los niños pequeños no es un enfoque único para todos. Es muy importante que consideres la importancia de la individualidad de tu hijo al elegir la disciplina adecuada según el lugar o escenario. Algunas técnicas funcionarán mejor para algunos niños que otros. Aun así, cuando aplicas diferentes técnicas basadas en los detalles de la situación, puedes encontrar lo que funciona mejor y luego implementarlo como parte de tu estrategia.

Estrategias de disciplina en

público

Cuando tu hijo se porta mal en público, rápidamente se convierte en una situación estresante para todos los involucrados. Algunos padres ceden a sus niños pequeños en estos momentos, creyendo que es mejor quitarles de encima, los ojos de los demás, lo más rápido posible. Sin embargo, si no deseas alentar estos comportamientos, debe seguir los siguientes pasos:

1. Comienza por hablar con tu hijo sobre las expectativas de antemano. Cada vez que lleva a tu hijo a un lugar público, debe establecer reglas para el comportamiento esperado. Si lo lleva al parque, por ejemplo, tus reglas pueden ser que no puede pelear con otros niños y que cuando dice que es hora de irse, no puede discutir. En la tienda de

comestibles, las reglas pueden ser que no se les permite alejarse de sus padres o tocar cualquier cosa. Establece 2-3 reglas y diles cuáles serán las consecuencias si no puede seguirlas.

2. Si tu hijo no escucha, responde rápidamente dándole tiempo de silencio. Esto generalmente se hace manteniéndolo cerca de usted. Por ejemplo, puedes encontrar un banco para que se siente contigo o puedes hacer que se pare entre usted y el carrito mientras están en tiempo de silencio. Luego, permíteles volver a caminar regularmente una vez que se acabe el tiempo.

3. Si continúan sin escuchar o lanzan un ataque durante el tiempo de silencio, retira a tu niño del área. Pídele que se siente afuera o lejos de la acción contigo

durante unos minutos y decide si está bien que regresen una vez que haya hablado sobre el problema y lo que se espera de él.

A la hora de dormir

El comportamiento a la hora de acostarse puede ser difícil, especialmente si tu niño está demasiado cansado o sobre estimulado de un largo día. Debes evitar castigos a la hora de acostarse porque crea emociones negativas hacia irse a dormir que causarán más problemas en el futuro.

1. Una estrategia que debes implementar antes de que tu niño se acueste es desarrollar una rutina. Para mis hijos, esto involucra a cada uno de ellos viendo un episodio de un programa que escogen y luego se cepillan los dientes.

Compartimos una historia y nos damos cariños antes de acostarnos, reciben media taza de agua y se van a dormir. Una vez que desarrolles una rutina regular a la hora de acostarse con tu niño pequeño, asegúrate de que cualquier cuidadora del bebé o una niñera conozcan la rutina de la hora de acostarse de tu hijo. De lo contrario, tu niño pequeño puede hacerles pasar un mal rato.

2. Si hay algo específico con lo que está luchando a la hora de acostarse, siéntate y discute las expectativas con tu hijo. Una guía suave es lo mejor en este momento porque castigar a tu hijo cuando ya está cansado solo arrojará resultados negativos. Además, se empático con tu hijo durante este tiempo, ya que puede tener problemas

porque está demasiado cansado.

3. Si tu hijo siempre pide una taza pequeña de agua antes de acostarse, comienza a prepararla de antemano. Algunos niños pequeños posponen la hora de dormir pidiendo viajes adicionales al baño o más agua. Tenga un horario preestablecido y haz que tu hijo se adhiera a él todas las noches. Esta coherencia con las reglas le enseñará lo que se espera a la hora de acostarse y te darán menos problemas en el futuro.

En la mesa/Durante la hora de la comida

Si el comportamiento es inadecuado en la mesa para comer y es un problema, deberás usar un enfoque específico. Abordar este problema en el hogar es fundamental porque los hábitos que tu niño aprende en casa se trasladarán a la guardería, la escuela, las casas de los miembros de la familia y los restaurantes. Por lo tanto, es esencial que les enseñes a no tirar comida y a usar buenos modales en la mesa.

Las consecuencias pueden ser útiles para la mala conducta durante la comida. Establecer expectativas también es importante. Aquí hay algunas estrategias que puedes usar.

1. Comienza por establecer algunas reglas para la hora de cenar en tu casa que todos deben seguir. Esto incluye cosas como usar tu platería cuando come, sentarse con la familia mientras come o cualquier otra cosa con la que tu

niño tenga problemas. Establecer reglas aclara las expectativas para tu hijo, por lo que es más probable que estén a la altura de las circunstancias y hagan lo que les pidas.

2. Al establecer reglas, también debes establecer las consecuencias. Decide cómo vas a responder a tu niño pequeño cuando se comporte mal a la hora de la cena, pero tengas en cuenta que no quieres darle lo que quiere. Puedes quitarlo y hacerlo reposar en un momento de tranquilidad hasta que esté listo para comportarse o demorarlo si no se va a callar. Si tirar comida es el problema, haz que tu hijo recoja su desorden. Sin embargo, esta puede no ser una buena idea para los niños pequeños que eligen tirar su comida porque quieren atención o porque no

quieren comer lo que se les ha dado. Independientemente de la acción disciplinaria que elijas para cada uno de estos escenarios, se coherente.

En el auto

El comportamiento de los niños pequeños en el automóvil puede ser una distracción, lo cual es un peligro cuando estás tratando de concentrarte en la conducción. Esto hace que la acción rápida sea crítica para evitar una situación estresante. Existen algunas técnicas que puedes usar en el automóvil, según lo que funcione con tu hijo. Esto incluye quitarle un privilegio a tu hijo o crear otra consecuencia lógica. Otra gran elección es el truco del 'Agotando la energía', que se describe aquí.

1. Resuelva el problema: por ejemplo, "No puedo concentrarme en conducir mientras luchas con tu hermano. Estás agotando mi energía".

2. Sigue con una consecuencia: "Si no tengo suficiente energía, no podré jugar contigo cuando lleguemos a casa" o "No voy a poder llevarte al parque."

En la guardería

Las guarderías tienen la responsabilidad de cuidar a tus hijos. A menudo utilizan el tiempo de espera o remueven a los niños de la situación, generalmente para hablarles sobre sus sentimientos. Si se trata de un problema lo suficientemente grave, con frecuencia te hablarán cuando recojas a tu niño de la guardería. En algunos casos, es posible que desees abordar el problema para reforzar las ideas que aprendió después de haber sido disciplinado por el trabajador de guardería.

1. Deberías comenzar permitiéndole a tu niño pequeño contarle lo que sucedió mientras estaba en la guardería. Recuerda mantener una mente abierta. Está bien plantear el tema si no lo hace, pero no debes hacerlo de una manera que pueda percibirse como amenazante o castigo.

2. Después de que la situación se haya planteado, pídele que comparta cómo se sentía en ese momento o qué lo llevó a comportarse así. Luego, piensa en formas de resolver el problema en el futuro.

3. Recuerda siempre que a menos que el comportamiento sea severo, no se

requiere que la idea sea perforada en la cabeza de tu hijo o que se vuelva a castigar. Puedes abordarlo, pero hazlo de una manera conversacional y que aliente a tu hijo a compartir.

Estrategias de disciplina para situaciones en donde el niño... Pegue

La primera reacción cuando tu hijo te golpea o a otra persona puede ser devolverle el golpe. Lamentablemente, cuando golpeas a tu niño pequeño, estás enviando el mensaje de que golpear está bien y fomentando su comportamiento agresivo. Golpear es algo donde las consecuencias lógicas o naturales pueden no funcionar tan bien. Debes sacar a tu hijo de la situación y darles tiempo para reflexionar.

1. Antes de recurrir al tiempo de descanso, dale a tu hijo la opción del tiempo de silencio. El tiempo de silencio ocurre en la misma área del incidente. Tu hijo no está aislado. Te sientas con él mientras están en tiempo de silencio por un tiempo determinado. Entonces, si les va bien, le hablará sobre el problema (golpear) y que significa estar frustrado o enojado. Ayúdalo a encontrar una solución al problema.

2. Si tu hijo protesta durante el tiempo de silencio o no se sienta en silencio, llévalo a otra habitación. Este debe ser un lugar designado en su hogar. Sin embargo, para evitar asociaciones negativas, no debes hacer que el tiempo de espera sea el dormitorio de tu hijo.

3. Decide el tiempo que tu hijo estará sentado en el tiempo de espera. Su

tiempo de espera no comienza hasta que está en silencio. Tan pronto como se acabe, dedica un tiempo a hablarle a tu hijo sobre los golpes, por qué no puede hacerlo y una mejor salida para las emociones que tu niño estaba sintiendo en ese momento.

Gritos

La redirección es una buena herramienta cuando tu hijo está gritando. Esto es especialmente cierto si están gritando debido a un encuentro con otro niño o porque están frustrados. En lugar de castigarlos, redirige su atención a otra actividad.

1. Comienza por identificar la razón por la que está gritando y elimina el objeto o retira al niño de la situación. Explica con calma que lo estás quitando a él o el

objeto porque está enojado / frustrado.

2. Luego, haz que tu niño se involucre con otra cosa. Al decir: "Vamos a tomar una taza de jugo" o "Vamos a buscar un juguete nuevo para jugar", le estás dando a tu hijo la herramienta que necesita para alejarse y hacer otra cosa cuando está frustrado o enojado. Esto se volverá crítico a medida que aprende la regulación emocional y el autocontrol.

3. Si sugerir algo a tu niño pequeño no funciona, intenta darle una tarea que hacer en su lugar. Por ejemplo, si está gritando en el supermercado y la redirección no funciona, pídele que te ayuden a comprar comestibles. Permite que escoja las cosas que puede sacar de los estantes y las ponga en la canasta. Al mantenerlo comprometido, alentamos la ayuda y mantenemos su mente

enfocada, por lo que es menos probable que se derrumbe.

Se niega a comer

Negarse a comer es un comportamiento común de los niños pequeños. Ya sea que 'no les guste' o prefiera estar haciendo otra cosa, se vuelve problemático si tu hijo no está recibiendo la nutrición que necesita. Sin embargo, ten en cuenta que no comer los alimentos que pone delante de ellos es un problema común con los niños pequeños. Hay algunas estrategias que puedes considerar para esto, pero en realidad no deberías castigar a tu hijo. No quieres crear emociones negativas y sincronizarlas con la comida.

1. Si tu hijo nunca come la cena, lo más probable es que no quiera comer la

mayoría de las noches. Intenta poner algo que comerá en su plato si le preocupa que tenga hambre. Esto podría ser una rebanada de pan servida junto con lo que sea que esté comiendo. Si solo continúan comiendo el pan para llenar su estómago, esto puede convertirse en un problema, por lo tanto, modifique las cosas que le ofreces.

2. Otra cosa que deberías hacer es hablar muy bien de la comida y lo bien que sabe. Anima a tu niño pequeño a probar la comida, ni siquiera a comerla. A veces, hacer que se lleve la comida a la boca y darse cuenta de que es sabroso es el único paso que falta entre un niño pequeño que come y otro que no.

3. Si sabes que a tu hijo no le gusta la comida que le estás sirviendo, lo que significa que lo ha probado y que no le

queda bien, pregúntale a tu hijo por qué no le gusta, para que puedas preparar más alimentos adecuado para sus papilas gustativas en el futuro. Si sirves algo para la cena que no les gusta, ofréceles algunas opciones entre las que puedan elegir. Al crear opciones, tienen la opción de elegir algo que les gusta comer, pero tú mantienes el control.

4. Las probabilidades son que tu niño pequeño no morirá de hambre. Dale una multivitamina para asegurarte de que estén recibiendo suficiente nutrición y habla con el médico de tu niño si está preocupado. Si deseas darle un refrigerio antes de acostarse, asegúrate de que no esté relacionado con el incidente de la cena anterior.

5. Si tu hijo no come la comida que pidió, puedes negarte a ofrecer algo más hasta que coma lo que te pidieron. Esto es especialmente útil para comer bocadillos durante el día, especialmente si tu niño pequeño tiende a pedir cosas para comer y luego las rompe o las deja tiradas por ahí. Explica la importancia de no desperdiciar alimentos y pon el refrigerio en una mesa hasta que tu hijo tenga suficiente hambre como para comerlo.

Avienta cosas

Dependiendo de lo que tu hijo está arrojando y si está en peligro debido a ello, es posible que desees dejar que se desarrolle una consecuencia natural. Por ejemplo, si tira un juguete contra la pared y se rompe, han aprendido que si tira sus juguetes, ya no puede jugar con ellos. Alternativamente, puedes quitar el juguete del niño como una consecuencia lógica o colocarlo en tiempo de espera. Para quitar el juguete, haz lo siguiente.

1. Dile firmemente a tu hijo que te dé el juguete. Explícale que lo tiró y que ahora se lo llevará y lo colocará por un período de tiempo designado. Puedes quitar el juguete por una hora o por un día completo, pero no debes estirar el castigo por más tiempo porque tu niño ya no formará la asociación entre tirar el juguete y perderlo.

2. Si tu hijo no te da el juguete de buena gana, no debes prestarle la atención que te está exigiendo persiguiéndolo o tomándolo por la fuerza. Si no te lo va a dar, amenázalo con un tiempo de silencio o tiempo fuera. Recuérdale que incluso resistiéndose, aun así perderá el

juguete.

3. Una vez que tengas el juguete, colócalo donde tu hijo no pueda alcanzarlo. Si no lo entregó de buena gana, cumple con un tiempo de silencio o tiempo de espera.

RESUMEN DE CAPÍTULO:

1. No deberías tener que estresarte o sentirte culpable de disciplinar a tu niño pequeño. Las estrategias discutidas en este capítulo te ayudarán a hacer justamente esto, en cualquier situación que pueda surgir.

2. Al idear un plan de disciplina, creas la consistencia que tu niño pequeño necesita para formar conexiones entre la decisión de comportamiento y la consecuencia resultante. También da forma a tus expectativas, reduce los

niveles de estrés, crea planes disciplinarios apropiados, crea una estrategia que todos los cuidadores pueden usar de manera efectiva y utiliza un enfoque específico y efectivo para las situaciones disciplinarias.

3. Hay más de una forma de disciplinar a un niño pequeño en ciertos escenarios. Al aplicar las técnicas que se analizan en este capítulo y las ideas para la disciplina que se brindan en el primer capítulo, puedes idear una estrategia que sea eficaz para lograr que tu niño pequeño se comporte de la manera que deseas.

TU PASO DE ACCIÓN RÁPIDA: CREA UN ESQUEMA DE LA ESTRATEGIA

Hay muchos aspectos de la disciplina

que querrás recordar. En este paso, describe algunos comportamientos problemáticos de tu hijo y cómo deseas responder. Esto sirve para mantener la coherencia, especialmente porque las estrategias disciplinarias aplicadas son probablemente diferentes de las que estás utilizando actualmente. Crear un esquema y compartirlo con otros cuidadores también puede mantenerlos consistentes cuando se trata de disciplinar apropiadamente a tu niño pequeño.

Capítulo 5: ¿Estresada? cómo mantener la calma

Capítulo 5: ¿Estresada? Cómo mantener la calma

Puede parecer casi imposible mantener la calma en el calor del momento. Nuestra reacción natural cuando los niños se ponen ruidosos es aumentar de volumen, al gritar o al ponernos físicos al golpear. En estos tiempos, es importante recordar que la forma en que reaccionamos tiene un gran impacto en los comportamientos que exhibe nuestro niño pequeño. Además, al reaccionar ante la rabieta, le estamos dando a la niña o niño la atención que desea, por todas las razones equivocadas.

Es natural que tu hijo se rebele, especialmente si las estrategias disciplinarias discutidas aquí no son las que ya usas. Mientras tratas de comunicarte y disciplinar, espera que tu niño pequeño se defienda. Es importante recordar que esto no durará para siempre y, al mantener la calma, tu niño aprenderá que su mal comportamiento no te detiene, ni le proporciona lo que desean.

Por qué necesitas mantenerte con calma

Imagina que estuviste parado en la oficina del Presidente y te está pidiendo consejo político. Eso sería absurdo, ¿verdad? Puedes perder la confianza en él y cuestionar su capacidad para hacer su trabajo si le pide a alguien con conocimiento limitado sobre política y relaciones internacionales que le aconseje sobre una situación.

Cuando se trata de tu hijo, tú eres el presidente. Tu niño pequeño te ve como alguien que lo protegerá del peligro, lo atraparás si se cae y estarás allí cuando necesiten ayuda. Si gritas o pierdes la compostura, van a cuestionar tu habilidad para dirigir. Sin embargo, cuando te mantienes fresco, tranquilo y recogido, obtienes los siguientes beneficios:

- Demuestra tu credibilidad como líder: Tu hijo te considera el líder del hogar. Respetará tu autoridad, pero solo si se siente seguro de tus habilidades para manejar situaciones estresantes. Estar tranquilo demostrará que sabes lo que estás haciendo y tu niño mirará hacía ti cuando se sienta inseguro de sus sentimientos o de lo que está sucediendo a su alrededor.

- Puedes centrarte en la disciplina efectiva: Cuando aprendes a mantener la calma cuando disciplinas a tu hijo, puedes pensar con mucha más claridad. Esto te da la capacidad de implementar estrategias, en lugar de ceder al estrés de la situación.

- La disciplina se convierte en libre de estrés: Sentirte abrumado crea un estrés innecesario que puede dejarte rendido, agotado y preguntándote por qué pasó después de un encuentro con tu niño pequeño. A medida que aprendas estrategias efectivas para la disciplina, podrás manejar los problemas sin preocuparte por lo que posiblemente puedas hacer para frenar el comportamiento de tu niño pequeño.

- No te sentirás culpable después de disciplinar a tu hijo: A veces, cuando los padres pierden la calma, pueden sentirse culpables después de un encuentro con su hijo pequeño. Esto es especialmente cierto si son demasiado fuertes o dan nalgadas al niño porque estos a menudo son métodos ineficaces que lo dejan cuestionando sus habilidades como padre.

- El hogar se convierte en un entorno positivo en el que tu niño pequeño puede prosperar: Los niños pequeños responden bien a la disciplina lógica y calmada. Cuando estás tranquilo, tu hijo te mira como apoyo. Puedes guiarlo para tomar buenas decisiones de comportamiento y manejar sus emociones de manera apropiada. De esta manera, están rodeados por los sentimientos positivos y la orientación que necesita para prosperar.

Cómo usar una disciplina positiva cuando tu hijo está haciendo un berrinche

Si tu hijo está haciendo una rabieta, lo primero que debes hacer es evaluar la situación en busca de peligro. Considera si corren el riesgo de lastimarse a sí mismo y, si no, déjalo lanzar la rabieta por un momento. Usa este tiempo para calmarte, usando la respiración profunda o contando. Si no puedes relajarte con los sonidos de la rabieta de tu hijo, aléjate por unos momentos.

Muchas veces, cuando un niño se da cuenta de que simplemente no estás respondiendo a su rabieta, se detienen por sí mismos. Una vez que esto suceda, háblales con calma sobre la situación y las emociones que estaban experimentando en ese momento. Luego, ayúdalo a resolver el problema sobre lo que podrían haber hecho de manera diferente.

A menudo, los berrinches son el resultado de que un niño no obtiene lo que quiere. Asegúrate de explicar que cuando actúa de esa manera, no podrás respaldar su comportamiento dándole lo que quiere. Una vez que están haciendo el comportamiento contrario, asegúrate de proporcionar un refuerzo positivo con sus elogios.

Por ejemplo, imagina que uno de tus hijos tiene un juguete y el otro intenta tomarlo. Cuando el segundo niño tiene éxito, el primero arroja un berrinche. Cuando le quitas el juguete al segundo niño, ambos hacen una rabieta.

Con el segundo hijo, se le debe dar el tiempo de espera por tomar el juguete antes de abordar el problema y de cómo se puede resolver mejor en el futuro. Por ejemplo, puedes guiarlos a través de escenarios donde le pregunten al otro niño si pueden compartir. Explica que si el niño dice que no, no lo compartirán, no está bien tomar el juguete de todas maneras. En cambio, deberían preguntarle al otro niño si pueden tener un turno una vez que haya terminado de jugar con el juguete.

Para manejar apropiadamente al primer

niño, debes devolverle el juguete que se tomó. Antes de hacer esto, sin embargo, es importante explicar que lanzar un berrinche no resuelve los problemas. En cambio, deberían hacer que un adulto se encargue de la situación.

Si te sientes abrumado, no temas alejarte completamente de la situación. Asegúrate de que tu hijo esté a salvo primero, luego concédete tiempo para evaluar la situación. Piense en cómo se siente tu niño y la causa de su comportamiento antes de reaccionar. Esto le da tiempo para considerar lógicamente la situación y responder adecuadamente, sin gritar ni golpear.

RESÚMEN DEL CAPÍTULO:

1. Los niños pequeños naturalmente se rebelarán cuando comiencen a aprender los límites del mundo que los rodea. Al mantener la calma, puedes implementar una estrategia de disciplina sin estrés, sin culpa y con una alta tasa de efectividad.

2. Existen numerosos beneficios de mantener la calma cuando se disciplina a tu niño pequeño. Tener una conducta tranquila hará que la disciplina sea libre de estrés y de culpa, y le asegurará a tu hijo de tu autoridad y creará un entorno positivo en el que tu hijo pueda prosperar.

3. Está bien, incluso alentado, que te alejes cuando te sientas abrumado por el comportamiento de tu niño pequeño. Al tomar una respiración profunda o contar y darte tiempo para considerar la

situación, es más probable que elijas una solución disciplinaria apropiada. Es posible lidiar con berrinches sin pegar ni gritar; solo tienes que tener la claridad mental para hacerlo.

TU PASO DE ACCIÓN RÁPIDA: USA UNO DE ESTOS TIPS PARA CALMARTE EN MOMENTOS DE ESTRÉS

La próxima vez que tu hijo tenga un ataque, usa una de las estrategias anteriores para ayudarte a acercarte a la situación tranquila y concentrada. No solo mostrarás tu autoridad ante el estrés, sino que harás que sea mucho más probable que tu hijo elija escucharte.

Capítulo 6:
Errores comunes y cómo evitarlos

Capítulo 6: Errores comunes y cómo evitarlos

En este capítulo, discutiremos algunos de los errores más comunes que cometen los padres al disciplinar a un niño pequeño. Es muy fácil cometer estos errores, y el primer paso es identificar áreas problemáticas.

Errores comunes cuando se disciplina a un niño pequeño

1. Soborno: El soborno puede ser un método eficaz para lograr que tu niño haga lo que quiera, pero solo en ese momento. Puede haber momentos en que portarse mal es mucho más divertido que el dulce que estás

ofreciendo por su buen comportamiento. En otras ocasiones, es posible que tu hijo no tenga ganas de escucharte. Cuando sobornas, también creas una expectativa de que tu niño solo se está comportando para ganar algo. Si deseas que se comporten de manera consistente, es importante que no les des obsequios constantemente por su buen comportamiento.

2. No escuchar: Como padre, quieres que tu hijo te preste toda su atención cuando lo disciplinas. El problema es que algunos padres no prestan toda su atención cuando su niño habla. Recuerda que debes liderar con el ejemplo. Si tu niño se está comunicando contigo, apaga el televisor, no mires tu teléfono y bríndales la atención y el respeto que desea que le den cuando te

dirijas a él.

3. Falta de paciencia: Los padres que intentan implementar estrategias disciplinarias pueden darse por vencidos después de una semana, sintiendo que no funciona con sus hijos. Algo que debes recordar, sin embargo, es que el comportamiento de tu hijo no va a cambiar de la noche a la mañana. La disciplina es un proceso constante que va a cambiar con la edad. Si bien el comportamiento de tu niño finalmente mejorará en general, es fundamental que dediques todo tu esfuerzo a los cambios que deseas ver. Si te rindes demasiado pronto, entonces las estrategias no tendrán la oportunidad de funcionar.

4. Esperando demasiado: Los padres primerizos, especialmente, no tienen

una buena idea de lo que sus hijos son capaces de hacer. A veces, esperamos un mejor comportamiento de nuestro niño pequeño, pero no tomamos el tiempo para entender cuál es la raíz del problema. Cuando esperas demasiado, preparas a tu hijo para el fracaso. En cambio, ofrece orientación en estas situaciones para que tu hijo aprenda lo que esperas. Por ejemplo, si no deseas que corran por la casa en un día agradable, considera llevarlos afuera. Obviamente necesitan una salida o una mejor forma de redirigir su energía. No puedes esperar que estén quietos cuando están llenos de energía.

5. Ser inconsistente: La inconsistencia confundirá a tu niño pequeño y lo hará inseguro de lo que esperas. Esto conduce a un mal comportamiento más

adelante, ya que empujan los límites para tratar de definir su independencia y su lugar en el mundo. Además, la inconsistencia entre los cuidadores puede ser un problema por la misma razón. Tu hijo puede empujar los límites con una persona mientras se comporta bien para otra.

Beneficios al identificar errores

Antes de que puedas comenzar a corregir los errores parentales, debes saber qué estás haciendo mal. Puede ser difícil ver nuestro estilo de crianza con un ojo crítico, especialmente cuando nos preocupa que no hayamos sido lo suficientemente compasivos con nuestro hijo. Ten en cuenta, sin embargo, que esos son los errores del pasado y al aprender de ellos, puedes comenzar a darle forma a un futuro positivo para tu niño pequeño.

- Posibilidad de corregirlos: Nunca es demasiado tarde para adoptar nuevas estrategias de crianza y comenzar a guiar a tu hijo, en lugar de castigarlo. Independientemente de la edad de tu hijo, puedes implementar nuevas estrategias ahora y con el tiempo, se convertirán en la norma. La única manera de saber cuál de tus métodos de disciplina necesita ser reemplazado es saber qué errores estás cometiendo.
- Reducción de la culpa y el estrés: Cuando los padres se sienten estresados o culpables después de un encuentro con su hijo, a menudo es causado por cometer

un error de crianza. Al identificar los errores y aprender a evitarlos, puedes hacer una experiencia más positiva para tu niño y tú, una en la que ambos se sientan mejor después.

- Mejor relación con tu niño pequeño: Cuando te preocupas lo suficiente por el bienestar de tu niño para identificar y alterar los errores de crianza, estás trabajando para mejorar su relación. Comenzarán a considerarte como alguien a quien se debe respetar como guía, en lugar de temer por falta de autoridad.

Cómo evitar los errores parentales comunes

1. Identificación de los errores: Después

de leer este capítulo, es posible que ya sepas algunas cosas que estás haciendo mal. Recuerda que este no es un momento para juzgarte a tí mismo, sino para alentar el aprendizaje y la mejora. Convertirte en un mejor padre es algo que mejorará tu vida y la de tu pequeño, por lo que vale la pena.

2. Evalúa tus emociones: ¿Cómo te sientes después de disciplinar a tu niño pequeño? ¿Te sientes seguro de que les has dado la base que necesitan para la regulación emocional y la resolución de problemas, o te sientes avergonzado o culpable por tus tácticas después? Un poco de duda sobre uno mismo está bien, pero si estás demasiado estresado o culpable por lo que ocurrió, es posible que desees evaluar tu técnica en busca de errores.

3. Evalúe las emociones de tu hijo: Tu niño responderá mejor cuando uses un enfoque positivo de crianza. Si tu hijo parece entristecido o enojado después de su encuentro, puede haber algunos problemas sin resolver que deben abordarse.

4. Prepárate para aceptar críticas: A veces, lo más importante en el camino cuando intentas implementar una nueva estrategia de crianza eres tú mismo. Puede ser difícil evaluar tus propias estrategias, especialmente si ya estás dudando de tus habilidades como padre. Recuerde que el objetivo es mejorar la vida de tu hijo. No importa lo que sucedió en el pasado; importa lo que hagas ahora.

RESÚMEN DE CAPÍTULO:

1. Los errores más comunes que cometen los padres es usar sobornos para que su niño se comporte, no escuchar a su hijo, perder la paciencia demasiado rápido, esperar demasiado y ser inconsistente.

2. Al identificar los errores comunes que los padres cometen al disciplinar, puedes evaluar tus propias estrategias y hacer los ajustes necesarios. Esto ofrece los beneficios de darle la oportunidad de corregir problemas, reducir la culpa y el estrés, y una mejor relación con tu niño pequeño.

3. Al hacer los pasos necesarios, puede asegurarte de que estás implementando mejores estrategias de crianza. Puedes

hacerlo conociendo los errores de crianza más comunes, evaluando tus emociones y las emociones de tu niño pequeño, y estando preparado para aceptar las críticas de una manera constructiva.

TU PASO DE ACCIÓN RÁPIDA: IDENTIFICA LOS ERRORES COMUNES PARENTALES

Para el siguiente paso, considera otras áreas de la crianza de los hijos con las que te sientas estresado o culpable. Luego, investiga un poco para saber si estás haciendo algo mal. Al hacer esto, te das las herramientas para cuidar mejor las necesidades disciplinarias de tu niño. A medida que evalúes qué es lo que está mal con tus estrategias, asegúrate de buscar consejos sobre cómo corregir estas áreas problemáticas.

Capítulo 7: Cómo disciplinar a un niño con necesidades especiales

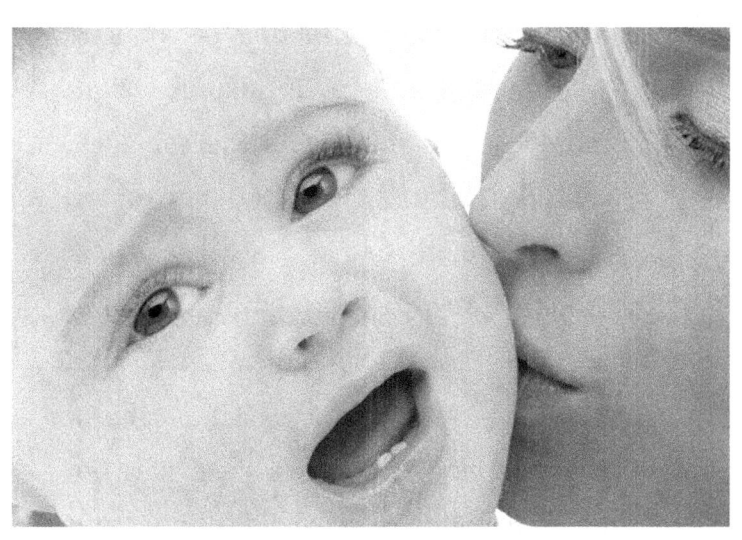

Capítulo 7: Cómo disciplinar a un niño con necesidades especiales

Una de las emociones que los padres experimentan a menudo cuando están criando a un niño con necesidades especiales es el estrés. Se preocupan constantemente si lo que hacen es correcto, incluso más que el padre promedio. La buena noticia es que lo que has aprendido hasta ahora proporcionará una buena base para lo que necesitas saber para disciplinar a un niño con necesidades especiales, y este capítulo te enseñará las diferencias. Es posible disciplinar a tu hijo con necesidades especiales sin sentirse culpable o estresado, solo tiene que saber cómo hacerlo.

Beneficios de utilizar un enfoque disciplinario único para tu hijo con necesidades especiales

Los niños con necesidades especiales no siempre tienen la capacidad de hacer las mismas asociaciones en su mente que el niño promedio. Esto no significa que no sean inteligentes. De hecho, la mayoría de los niños con necesidades especiales son muy inteligentes, simplemente carecen de las conexiones necesarias para comunicarse bien y responder a un régimen disciplinario regular. Cuando encuentres un método de disciplina que funcione para tu hijo con necesidades especiales, experimentarás los siguientes beneficios:

- Mejor comprensión de las necesidades de tu hijo: A medida que le enseñas a tu niño con necesidades especiales a comprender sus emociones, será mejor en comunicar sus necesidades. En este caso, aprender a escuchar el lenguaje corporal, no solo las palabras, es importante. Se receptivo a lo que tu niño trata de comunicar, incluso cuando no pueda encontrar las palabras correctas.
- Empatía mejorada: A medida que aprendes las necesidades emocionales especiales de tu hijo, mejorará tu empatía hacia ellas. Esto solo puede mejorar tus esfuerzos de crianza porque lo entiendes mejor. Investigar la condición de tu niño pequeño

puede ser especialmente útil a este respecto.

- Regulación emocional mejorada: Al igual que con la disciplina del niño promedio, la elección de los métodos correctos ayudará a que tu niño con necesidades especiales regule sus emociones. Esto es increíblemente beneficioso ya que muchas de sus discapacidades sociales y de aprendizaje provienen de la incapacidad de comprender y manejar sus emociones.

Satisfacer las necesidades especiales de tu hijo: disciplina para el THDA y el autismo

Dos de las enfermedades mentales más comunes que afectan a los niños son el

THDA y el autismo. Esta sección proporcionará un ejemplo de métodos suaves pero eficaces que puedes usar.

THDA (Trastorno Hiperactividad con Déficit de Atención)

El principal problema que tienen los niños con TDAH es que no pueden enfocarse. A veces, también toman malas decisiones de comportamiento porque están abrumados por estímulos o aburridos con su entorno. La clave, por lo tanto, es ayudarlos a aprender a encontrar el equilibrio entre estas áreas y centrarse en lo que deberían estar haciendo en ese momento.

Con los niños con TDAH, debes saber que vas a repetir, incluso más de lo que lo harías con el niño promedio. La redirección también es una herramienta increíblemente útil cuando los niños con TDAH se molestan. Al volver a enfocar su energía y hacer que la enfoquen en otra parte, puede eliminar los problemas.

La simplicidad y la rutina también son increíblemente beneficiosas para los niños con TDAH. Las rutinas ayudan a tu hijo a saber qué esperar, de modo que puedan enfocarse en los puntos clave durante la ejecución. La simplicidad también es importante a medida que discutes las reglas y las consecuencias: ser demasiado complejo o utilizar largas explicaciones hará que tu hijo te malinterprete o se distraiga.

Finalmente, tendrás que vigilar de cerca a tu hijo con TDAH. Su corto lapso de atención puede hacer que se porten mal o deambular si distraen por algo

Autismo

Uno de los mayores obstáculos que deberás superar con tu hijo autista es la comunicación. En lugar de enseñarle a comunicarse como tú lo harías, debes aprender qué tipos de comunicación funcionan mejor para tu hijo autista. Usa muchos métodos de comunicación, incluyendo pautas visuales, gestos, lenguaje escrito y comunicación verbal. También debes comenzar con oraciones cortas, fáciles de entender y avanzar lentamente.

La positividad es otro factor importante para los niños autistas. Asegúrate de indicar los comportamientos que deseas, en lugar de los que no deseas. Enfocarte en lo positivo producirá mala conducta. También debes elogiar constantemente a tu hijo cuando hace algo bien, lo que ayuda a formar esa conexión entre los buenos comportamientos y la buena sensación que obtienen de la alabanza.

Las rutinas y los horarios también son importantes para los niños autistas. Esto los tranquiliza porque saben qué esperar durante el día. Esta familiaridad fomentará el buen comportamiento.

RESÚMEN DEL CAPÍTULO:

1. Los niños con necesidades especiales requieren un estilo de crianza ligeramente diferente al de la mayoría. Puede ser fácil frustrarse, pero al desarrollar una estrategia de disciplina, puede mejorar el comportamiento de cualquier niño pequeño.

2. Hay varios beneficios de elegir métodos de disciplina apropiados para tu niño con necesidades especiales.

Estos incluyen empatía mejorada, mejor comunicación y una mejor comprensión de las necesidades de tu hijo.

3. Dos de los problemas de conducta más comunes de los niños son el TDAH y el autismo. Ambos tipos de niños se benefician de un enfoque específico que incluye la simplicidad, la rutina y la disciplina adecuada. También debes vigilar a tu hijo y evitar el castigo físico.

TU PASO DE ACCIÓN RÁPIDA: APRENDE MÁS SOBRE LA DISCIPLINA DE LAS NECESIDADES ESPECIALES

Una de las mejores cosas que puedes hacer para tu niño con necesidades especiales es educarte. En lugar de hacer hincapié, investiga un poco para aprender más sobre cómo disciplinar a tu hijo. Las técnicas variarán ligeramente de lo que se aprendió antes de este capítulo, pero en su conjunto, el enfoque de crianza positiva puede ser muy beneficioso.

Capítulo BONUS: Cuando las estrategias no parecen funcionar

Capítulo BONUS: Cuando las estrategias no parecen Funcionar

Mientras que la situación ideal sería que cada padre que lea este libro implemente las estrategias y encuentre el éxito, habrá momentos en que lo que has aprendido simplemente parece que no está funcionando. En estas situaciones, es importante mantener la calma. En lugar de pegar o gritar, prueba las estrategias en este capítulo.

Por qué necesitas ajustar los enfoques disciplinarios

Si bien este libro se ha creado con la intención de ayudar a los padres a ser mejores disciplinantes, es importante recordar que no existe un manual para la crianza de los hijos. Cada niño es único y una estrategia que funciona para un niño puede no funcionar para otro. Afortunadamente, con un pequeño ajuste, puedes cambiar fácilmente tu enfoque disciplinario para obtener los siguientes beneficios:

- Aprender lo que necesita tu hijo: La buena noticia es que una vez que encuentres una estrategia de disciplina que funcione, es probable que siga funcionando. A medida que proporciones métodos consistentes, tu niño aprenderá a adaptarse a tus necesidades.
- Puede hacer ajustes apropiados: Al analizar tus métodos actuales y decidir qué funciona y qué no,

puedes comenzar a hacer ajustes que funcionen. Esto te permite disciplinar a tu hijo sin sentirte estresado o culpable.

- Tu niño pequeño se comportará mejor: Cuando te ajustes en función de las necesidades y personalidad únicas de tu niño pequeño, encontrarás un método que lo hará comportarse. Es importante recordar que gritar y golpear no son buenas opciones; hay muchas otras tácticas para intentar cuando te sientes frustrado.

Qué hacer cuando tu hijo...

No responde a los esfuerzos disciplinarios

Si recién estás empezando a

implementar nuevos esfuerzos disciplinarios, va a tomar tiempo antes de que tu hijo conozca la esencia de la situación. Recuerda ser paciente; puede llevar varias semanas utilizar una táctica específica antes de que sea efectiva.

Si tu hijo todavía no responde a los esfuerzos de disciplina, prueba una nueva táctica. El primer capítulo te proporcionó varios métodos para probar. Dale a uno que aún no ha intentado, una oportunidad y vea si eso ayuda a controlar el comportamiento de tu hijo. Puedes ajustarlo para adaptarse a la personalidad de tu hijo. Por ejemplo, un niño puede responder mejor a quitarle un privilegio como andar en bicicleta afuera, mientras que a otro se le puede animar a comportarse si le amenazas con quitarle la televisión.

Está contestando

A menudo, cuando tu hijo responde, es porque no siente que los estás escuchando. En lugar de arremeter contra los gritos, tómate el tiempo para conversar con tu niño pequeño. Considera sus pensamientos y sentimientos y dales la oportunidad de explicar. Después de escucharlos, explícate a ti mismo y por qué quieres que ellos hagan lo que has pedido. Si no son razonables, implemente una consecuencia por su comportamiento de no escucha y siga con ello.

No escuchan

Si tu hijo se niega a escuchar, entonces evalúa qué está sucediendo a tu alrededor. Si el ambiente está demasiado ocupado, traslada a tu hijo a otra habitación o corta los estímulos como la música o la televisión. Luego, ponte al nivel de tu hijo y pídeles que te sujeten con la mano o que toquen tu hombro suavemente.

Mientras hablas con él o ella, pídele que te diga lo que tú le dijiste. No esperes que te vuelva a repetir esta información. En su lugar, pídele que hable con sus propias palabras y que considere lo que cree que significan y lo que realmente quiere decir. Si hay una diferencia entre estas ideas, entonces el problema puede no ser ese, que tu hijo no está escuchando; el problema puede ser la falta de comunicación.

RESÚMEN DEL CAPÍTULO:

1. Las estrategias disciplinarias a veces

necesitan ajustarse para que puedas disciplinar exitosamente a tu hijo. Esto se debe a que cada niño es un individuo y el método que funciona para uno puede necesitar adaptarse para funcionar para otro.

2. Cuando ajustes las medidas disciplinarias para satisfacer las necesidades de tu niño pequeño, obtendrás muchos beneficios, incluido el aprendizaje de lo que tu hijo necesita para un mejor comportamiento, hacer ajustes para lograrlo y, como resultado, experimentar un mejor comportamiento de tu niño pequeño.

3. Al seguir una serie de pasos cuando tu hijo no responde a tu esfuerzo, te responde o elige no escuchar, puedes desarrollar consistencia y expectativas. Tu hijo eventualmente aprenderá lo que

se espera y lo que resultará si eligen no escuchar.

TU PASO DE ACCIÓN RÁPIDA: SOLUCIONA PROBLEMAS DE TU NIÑO PEQUEÑO

Si tu hijo simplemente no está haciendo lo que tú quieres, tómate el tiempo para implementar una de las estrategias mencionadas anteriormente. Es importante recordar que la disciplina lleva tiempo, pero si una estrategia no funciona, un nuevo enfoque puede ser beneficioso. Tómate siempre el tiempo para entender a tu niño pequeño y asegúrate de que la falta de comunicación no sea la raíz del problema.

Conclusión

¡Gracias nuevamente por ser el dueño de este libro!

Espero que este libro haya sido capaz de ayudarte a convertirte en un mejor padre de niño pequeño, enseñándote a criar a tu pequeño con la disciplina adecuada. Puede ser difícil clasificar toda la desinformación y los consejos que tienen respecto a los niños, pero al leer este libro, has dado el primer paso crítico para lograr que la disciplina del niño pequeño sea correcta.

El siguiente paso es poner tu estrategia en acción. Puedes comenzar a comunicarte efectivamente con tu niño para la disciplina de hoy. A través de la comunicación y la observación, puedes decidir qué estrategias serán más efectivas. Luego, modifica las estrategias hasta que encuentres algo que funcione bien para ti y tu hijo.

Finalmente, si este libro te ha dado valor y te ha ayudado de alguna manera, entonces me gustaría pedirte un favor si tienes la amabilidad de dejar una reseña de este libro en Amazon. ¡Sería muy apreciado!

¡Gracias y buena suerte!

www.ingramcontent.com/pod-product-compliance
Lightning Source LLC
Chambersburg PA
CBHW071244070526
44583CB00017B/2318